Marwa Hamed

MODERNE KOPFTUCHMODE

Hijab ❁ Rusari ❁ Baş Örtüsü

MODEREN BAŞÖRTÜ MODASI

ALLPART MEDIA

Ausführung: Marwa Hamed
Fotografien: Mohamed Ismail
Modelle: Sarah, Aira, Natasha, Jasmin

Umschlaggestaltung und Layout: Arnold & Domnick, Leipzig
Druck: Salzland Druck GmbH & Co. KG, Staßfurt

Hazırlık: Marwa Hamed
Fotoğraflar: Mohamed Ismail
Modeller: Sarah, Aira, Natasha, Jasmin

cover design and layout: Arnold & Domnick, Leipzig, Germany
printing: Salzland Druck GmbH & Co. KG, Staßfurt, Germany

ISBN: 978-3-86214-013-8

Modern Başörtü Modası

MODERNE KOPFTUCHMODE

Marwa Hamed

Sunuş

Hanımların kullandıkları başörtüsü, artık sırf başlarını bağlamakta kullandıkları bir kumaş parçası olmaktan çıkmış bulunuyor. Başörtüsü, artık kadınların şıklık ve zarafetlerinin bir parçasıdır. Genç kızların ve hanımların büyük bölümü örtünüyor. Başörtülerine verdikleri önem, neredeyse saçlarına verdikleri önemi aşmış bulunuyor. Diğer yandan başörtüsü, kuaförlere, yeni saç stilleri veya boyalarına da alternatif olmuş bulunuyor. Elinizdeki bu kitabı yayınlamamızın arkasındaki ana faktör de budur. Denilebilir ki bu çalışma, alanında yazılmış ve okurların beğenisine sunulmuş ilk kitaptır. Bu kitaptaki eşarp bağlama modellerini diğerlerinden ayıran en önemli yön ise, monotonluk ve tekrardan uzaklaşarak kreatif ve yenilikçi bir tarz benimsemesidir. Böylelikle çalışan, üniversiteli, hatta ev kadını her gruptan çağdaş kadınının zevkine uygun yeni bir model bulunacaktır.

Toplumda kadına ne kadar merkezi bir rol düştüğü unutulmamalıdır. Bu yüzden her kadın başörtüsünü seçerken bazı temel prensipleri göz önünde bulundurmalıdır. Bunlardan biri dış giyimiyle, diğeri yüz şekliyle, bir diğeri ten rengiyle uyumlu olmasıdır. Yuvarlak hatlı bir yüzde çok hoş görünen bir eşarp, uzun bir yüzde aynı güzellikte görünmeyebilir. Oval bir yüzle uyumlu bir eşarp yuvarlak bir yüzde itici durabilir. Başörtüleri zaman, mekan ve kadının faaliyet biçimine bağlı olarak değişim gösteren aksesuarlardır. Ev kadının örttüğü bir eşarp, çalışan bir bayanın veya üniversiteli bir genç kızın eşarbından farklı olabilir. Doğal olarak her kadın, örtüneceği başörtüsünün kumaş türü, renk ve desenlerini kendi zevkine göre seçmelidir. Eşarp rengi, dış giysinin rengiyle uyumlu olmalıdır. Esmer veya beyaz her tene her renk eşarp yakışabilir. Önemli olan ten renginin tonuna uygun renk tonunun seçimidir. Elbette kadın veya genç kız, örttüğü başörtüsüne duyduğu saygı ile diğer insanların dikkatlerini çekmemesi gerektiği hakikati arasındaki zor dengeyi de kurmak zorundadır.

Yayıncı

Vorwort

Der von den Frauen getragene Hijab ist nicht lediglich ein Kopftuch, sondern inzwischen auch Teil ihrer Mode. Er wird mittlerweile von den meisten Mädchen und Frauen getragen, die sich heute für den Hijab nicht weniger als für ihr Haar interessieren. Oft ersetzt er den Friseur, indem er an Stelle einer neuen Frisur oder Haarfarbe verwendet wird. Das hat uns angeregt, das vorliegende Buch herauszugeben, von dem man durchaus behaupten kann, dass es das erste seiner Art auf diesem Gebiet ist. Das darin beschriebene Binden des Kopftuchs bedient in keiner Weise Klischees und wiederholt nicht bereits Bekanntes, sondern zeichnet sich durch Kreativität und neue Ideen aus, die der Lebensweise der modernen Frau entsprechen, ob sie nun einen Beruf ausübt, studiert oder Hausfrau ist.

Zu erwähnen sei auch, dass die Frau bei der Auswahl des Kopftuchs einige grundlegende Regeln beachten sollte. So sollte es zu ihrer übrigen Kleidung, zu ihrer Gesichtsform und zu ihrem Teint passen. Was zum Beispiel einer Frau mit einem eher runden Gesicht steht, muss nicht zwangsläufig auch zu einem länglichen Gesicht passen. Auch unterscheiden sich die Formen des Hijab von Ort zu Ort und von Zeit zu Zeit, aber auch je nach Tätigkeit seiner Trägerin, denn wie ihn zum Beispiel eine Hausfrau trägt, bindet ihn eine berufstätige Frau oder eine Studentin vielleicht nicht. Auch in der Auswahl der Farben und der Stoffe muss der Hijab zur jeweiligen Trägerin passen. So sollte die Farbe des Kopftuchs mit der der übrigen Kleidung harmonieren und ihrem dunkleren oder helleren Teint in gleicher Weise angepasst sein. Die Frau oder das Mädchen sollte auch der schwierigen Balance zwischen dem Stolz auf ihren Hijab und der Notwendigkeit eingedenk sein, ihn nicht so auffällig zu tragen, dass er von ihrer Umgebung kritisch gesehen wird.

Der Herausgeber

Aksesuarlar: Krep şifon eşarp ve ipek bandana

1

Das Haar wird unten zu einem Knoten frisiert. Dann wird das Kopftuch mit einer Kopftuchnadel hinten unterhalb des Haars festgesteckt.

Saç toplanır. Aşağı tarafa topuz yapılır. Sonra eşarp toplu iğne ile saçın alt kısmına arkadan sabitlenir.

2

Jetzt wird eine 60 cm lange und 15 cm breite Bandana nach Art der Beduinen umgebunden. Sodann wird sie über dem Haarknoten mit zwei hintereinander liegenden Knoten zusammengebunden.

15 cm genişliğinde bir bandana uzunluğu 60 cm olmak üzere el şekli verilerek topuzun üstünde iki kez ardı ardına düğümlenir.

3

Die linke Seite wird nun über die Bandana nach oben gezogen, und dann geschieht dasselbe auf der anderen Seite, indem das Band an beiden Seiten angehoben wird.

Sol uç bandananın üstünden geçirilirken aynı hareket diğer taraf için de yapılır. Böylece şerit iki taraftan yükseltilmiş olur.

4

Die rechte Seite wird nun ineinander gedreht und nach oben unter das Band gezogen.

Eşarbın sağ tarafı toplanarak şeridin altına konur.

Verwendete Materialien: Ein Kopftuch aus Kreppchiffon und eine seidene Bandana

Aksesuarlar: İki eşarp ve bir bandana

1

Das Haar wird nach unten frisiert, dann wird die Bandana nach unten gewunden und hinten zusammengebunden.

Saç aşağı toplanır. Bandana aşağı doğru dolanarak arkadan bağlanır.

2

Das Kopftuch wird nun schräg in sich verdreht über den Kopf gelegt und hinten zusammengebunden.

Eşarp yatık bükümlü şekilde konur ve arkadan bağlanır.

3

Jetzt nimmt man die lange Seite, windet sie um den Kopf und lässt sie an der Seite herabhängen.

Uzun taraf tutularak başın etrafından döndürülür ve başın bir tarafına sarkık halde bırakılır.

4

Das zweite Tuch wird um den Hals gewunden.

İkinci eşarp boyun etrafına sarılır.

Verwendete Materialien: ***Zwei Kopftücher und eine Bandana***

Aksesuarlar: *İki eşarp ve iki bandana*

1

Das Haar wird seitlich nach oben frisiert und dann die erste Bandana angelegt.

Saç üstte bir tarafa toplanır. Sonra ilk bandana takılır. Sonra iki bandana takılır.

2

Die zweite Bandana wird schräg über die erste gelegt.

İkinci bandana birincinin üzerine meyilli olarak takılır.

3

Beide Tücher werden schräg in entgegen gesetzter Richtung über den Kopf gelegt.

İki eşarp biri diğerine tersine olacak şekilde meyilli olarak takılırlar.

4

Die beiden Kopftücher werden nun zusammen so um das Haar gewickelt, dass sie nach vorn fallen.

Sonra iki eşarp birden saç etrafında toplanır ve ikisi de öne sarkacak şekilde bırakılır.

Verwendete Materialien: *Zwei Kopftücher und zwei Bandanas*

1

Das Haar wird nach unten frisiert und dann die Bandana über den Kopf gelegt und hinten zusammengebunden.

Saç aşağı toplanır. Bandana takılır ve arkadan bağlanır.

2

Das Tuch wird schräg über den Kopf gelegt und hinten zusammengebunden.

Eşarp meyilli halde takılır ve arkadan bağlanır.

3

Das lange Ende wird um den Kopf gewickelt und dabei zusammengedreht.

Uzun taraf başın çevresine bolca dolanır.

4

Das andere lange Ende wird in entgegen gesetzter Richtung um den Kopf gewunden.

Diğer uzun taraf da ters yönde başın çevresine sarılır.

Verwendete Materialien: Zwei Kopftücher und eine Bandana

Aksesuarlar: Pamuk tülbent, yaldızlı şifon eşarp, kahverengi eşarp

1

Das Haar wird nach unten frisiert und dann das schwarze Tuch hinten unter dem Haarknoten zusammengebunden.

Saç aşağıda toplanır. Siyah tülbent, arkadan topuzun altına bağlanır.

2

Das goldfarbene Chiffonkopftuch wird im schrägen Winkel über den Kopf gelegt und hinten zusammengebunden.

Yaldızlı şifon eşarp yatık bir açıyla konur ve arkadan bağlanır.

3

Das braune Chiffontuch wird in umgekehrter Richtung zum goldfarbenen über den Kopf gelegt und nach hinten gerafft.

Kahverengi eşarp yaldızlı eşarba ters yönde konur ve arkadan toplanır.

4

Dann wird das braune Tuch auf der rechten Seite nach oben gezogen und gerafft.

Kahverengi eşarp kaldırılıp sağ taraftan yukarı doğru toplanır.

5

Jetzt werden das braune und das goldfarbene Kopftuch an der Seite ineinander geschoben nach oben gerafft.

Yaldızlı eşarp kahverengiyle birlikte birbirine geçmiş halde başın bir yanında toplanır.

Verwendete Materialien: *Ein Baumwolltuch und je ein goldfarbenes und ein braunes Chiffonkopftuch*

Aksesuarlar: Biri şifon diğeri ince şifon veya ipek iki eşarp

1

Das Haar wird nach unten frisiert und das Kopftuch sorgfältig hinten zusammengebunden.

Saç aşağıda toplanır. Eşarplardan biri arkadan sıkıca bağlanır.

2

Die Enden des Kopftuchs werden an den Seiten zusammengerafft und in Kopfmitte befestigt.

Eşarbın uçları yanlara doğru dürülüp toplanır ve başın orta kısmında sabitlenir.

3

Das zweite Kopftuch, die „Seide", wird so gerafft, bis es aussieht, als würde es aus mehreren aufeinander abgestimmten Lagen bestehen.

İkinci "ipek" eşarp da dürülüp toplanır ve homojen tabakalar haline getirilir.

4

Diese Lagen werden über das hintere Drittel des Kopfes gelegt und dort mit mehreren Kopftuchnadeln so befestigt, dass es der endgültigen Form in der Abbildung entspricht.

Bu tabakalar daha sonra sabitlenir ve başın son üçte birlik bölümüne konur. Son şeklini almak üzere toplu iğneler yardımıyla sabitlenir.

Verwendete Materialien: *Ein Chiffonkopftuch sowie ein Kopftuch aus dünnem Chiffon oder Seide*

Aksesuarlar: Uzun ve geniş Krep şifon eşarp

1

Das Haar wird nach unten frisiert. Dann wird das Kopftuch mehrmals gefaltet, um einen stufenförmigen Volant entstehen zu lassen, und, wie abgebildet, nach unten drapiert.

Saç aşağı toplanır. Eşarp resimdeki gibi birkaç defa bükülerek aşamalı görünümlü pile gibi yapıldıktan sonra aşağı toplanır.

2

Man ergreift die linke Seite des Kopftuchs und legt sie über den Kopf.

Eşarp sol tarafından tutulup başın üzerine geçirilir.

3

Nachdem das Kopftuch, wie im Bild dargestellt, auf die Kopfmitte gelegt worden ist, wird es über dem Kopf mit einer Kopftuchnadel befestigt, damit es nicht verrutscht.

Eşarp – resimdeki gibi – başın ortasına konuldtan sonra sabit kalması için başın ortasına iğneyle tutturulur.

4

Nun wird der Schmuck angelegt und um den Kopf gewunden, um dem Ganzen ein noch schöneres Aussehen zu verleihen.

Ziynet takılır ve başın etrafından dolandırılarak bağlamayla birlikte estetik bir görünüm verilir.

Verwendete Materialien: *Ein langes und breites Kopftuch aus Kreppchiffon*

1

Das Haar wird hinten zusammengesteckt. Dann wird die Bandana hinten zusammengebunden.

Saç arkadan toplanır. Sonra bandana arkadan bağlanır.

2

Das Kopftuch wird zunächst um den Hals gewunden und dann hinten zusammengebunden.

Eşarp bir kez boyun çevresinde döndürülüp arkadan bağlanır.

3

Man ergreift nun ein Ende und rafft es am Hinterkopf, so dass die Fransen auf den Rücken fallen.

Uçlardan biri tutularak arkaya doğru toplanır ve püsküller arkada sırt üzerinde kalır.

4

Nun nimmt man ein Ende des Kopftuchs und wickelt es schräg nach vorn.

Eşarbın uçlarından tutularak öne doğru yatık bir şekilde döndürülerek sabitlenir.

Verwendete Materialien: *Ein Kopftuch und eine Bandana*

Aksesuarlar: Eşarp ve iki bandana

1

Das Haar wird nach oben frisiert und die erste Bandana um den Kopf gelegt.

Saç yukarı toplanır. Sonra ilk bandana başın etrafına konur.

2

Die zweite Bandana wird ca. 1,5 cm oberhalb des Randes der ersten Bandana über diese gelegt.

İkinci bandana birincinin takriben 1,5 cm üstüne konur.

3

Das Kopftuch wird hinten zusammengebunden.

Eşarp arkadan bağlanır.

4

Man nimmt nun ein Ende des Kopftuchs und wendet es nach vorn über den Kopf. Dann werden beide Enden gleichmäßig gerafft, so dass sie seitlich herabhängen.

Eşarbın uçlarından birinden tutulup başın ön kısmına doğru çekilir. Sonra iki uç düzenli bir şekilde bağlanır ve yana doğru sarkıtılır.

Verwendete Materialien: Ein Kopftuch und zwei Bandanas

1

Das Haar wird nach oben frisiert. Dann wird die Bandana über den Kopf gelegt und hinten zusammengebunden.

Saç üste toplanır. Sonra bandana katlanıp arkadan bağlanır.

2

Das Kopftuch wird mehrmals gefaltet, so dass es wie ineinander gedreht aussieht, und über den Kopf gelegt.

Eşarp birkaç kez döndürülerek rulo şekli verilir ve başa konur.

3

Man ergreift nun ein Ende und verdreht es in sich selbst.

Uçlarından biri tutulup bükülür.

3

Dann nimmt man das andere Ende des Kopftuchs und windet es in sich gedreht um den Kopf.

Eşarbın diğer ucu tutulun ve rulo şeklinde başın üzerinde döndürülür.

4

Das erste Ende lässt man seitlich herabhängen.

Birinci tarafa yana doğru sarkıtılır.

Verwendete Materialien: Eine Bandana und ein Kopftuch

Aksesuarlar: İşlemeli kadife bandana ve uzun, enli şifon eşarp

1

Das Haar wird nach unten frisiert und die Banadana über den Kopf gelegt.

Saç aşağı toplanır. Bandana başa geçirilir.

2

Das Chiffonkopftuch wird, wie im Bild dargestellt, ausreichend versetzt zur Kopfmitte über den Kopf gelegt und hinten zusammengebunden.

Şifon eşarp başın orta kısmına yeterli mesafede konur ve resimdeki gibi arkadan bağlanır.

3

Nachdem das Kopftuch zusammengebunden worden ist, wird eine Seite über den Haarknoten so gewunden oder gerafft, dass es ansprechend aussieht.

Eşarbın bağlanmasından sonra yanlarından biri saç topuzunun üzerinde bükülerek veya kıvrılarak estetik bir görünüm verilir.

4

Die andere Seite des Kopftuchs wird jetzt so gebunden, dass sie die andere Halsseite bedeckt, wobei sie auf den Kopf gelegt wird.

Eşarbın diğer tarafı, boynun altından geçirilerek başın üzerine sabitlenir.

Verwendete Materialien: *Eine Bandana aus geripptem Samt und ein langes und breites Chiffonkopftuch*

Aksesuarlar: 1 Adet uzun şifon eşarp, yarısı mavi yarısı pembe

1

Das Haar wird nach unten frisiert. Dann legt man das Kopftuch über den Kopf, nachdem es mehrmals, wie in der Abbildung, gefaltet worden ist.

Saç aşağı toplanır. Eşarp tutulur ve resimde açıklandığı gibi birkaç defa katlandıktan sonra başa konur.

2

Jetzt ergreift man das Kopftuch an beiden Enden, rafft es hinten über dem Haarknoten und steckt es mit einer Kopftuchnadel fest.

Eşarp, uçlarından tutulur ve arkada topuzun üstünde toplanır ve toplu iğne ile sabitlenir.

3

Nun nimmt man das andere, blaue Ende über den Kopf nach vorn.

Mavi renkli uç alınır ve önü doğru kaldırılır.

4

Dann legt man das Tuch über den gesamten Kopf und steckt es oben fest.

Sonra diğer uç tutulur ve başın tamamını kapladıktan sonra tepesinde sabitlenir.

Verwendete Materialien: ***Ein zur Hälfte blaues und zur Hälfte rosafarbenes Kopftuch***

Aksesuarlar: İki renkli eşarp ve bandana

1

Das Haar wird nach unten frisiert. Dann wird die Bandana hinten zusammengebunden.

Saç aşağı toplanır. Sonra bandana arkadan bağlanır.

2

Das Kopftuch wird nach hinten gebunden.

Eşarp arkadan bağlanır.

3

Nun nimmt man ein Ende und wickelt es um den Kopf.

Uçlardan birinden tutulup başın etrafında döndürülür.

4

Das andere Ende mit der anderen Farbe wird in entgegengesetzter Richtung um den Kopf gewickelt und dann so gelegt, dass der Hals bedeckt ist.

Diğer – farklı renkli – taraf ters yönde döndürüldükten sonra boynu örtecek şekilde çevrilir.

Verwendete Materialien: ***Ein zweifarbiges Kopftuch und eine Bandana***

1

Das Haar wird nach unten frisiert. Dann wird die Bandana über den Kopf gelegt und sorgfältig hinten zusammengebunden.

Saç aşağı toplanır. Sonra bandana takılır ve arkadan sıkıca bağlanır.

2

Das Kopftuch wird in Falten gelegt, so dass es beim Zusammenbinden vorn zusammengelegt erscheint.

Bağlandığında önde kırılmalar olacak şekilde eşarpta dalgalar yapılır.

3

Das Kopftuch wird nach hinten gebunden, wobei darauf zu achten ist, dass der zusammengelegte Teil vorn zu sehen ist.

Öndeki kırılmalar öne çıkarılarak eşarp arkaya doğru bağlanır.

4

Dann nimmt man das lange Ende des Kopftuchs, windet es nach vorn um den Hals und lässt es seitlich herabfallen.

Eşarbın uzun ucu tutularak boynun etrafından döndürülerek bir kenara sarkıtılır.

Verwendete Materialien: *Ein Kopftuch und eine Bandana*

Aksesuarlar: 2 Adet eşarp

1

Das Haar wird nach unten frisiert. Dann wird ein Kopftuch mehrmals gefaltet und hinten zusammengebunden.

Saç aşağı doğru toplanır. Eşarp birkaç defa büküldükten arkadan bağlanır.

2

Nun nimmt man ein Ende, kippt es über den Kopf in Richtung Stirn und steckt es um den Kopf herum mit Kopftuchnadeln fest.

Uçlardan biri tutulur ve başın ön kısmına doğru aktarıldıktan sonra baş çevresine toplu iğnelerle sağlamla tutturulur.

3

Das andere Ende wird um den Hals gewunden.

Diğer uç, boynun çevresinden dolandırılır.

4

Dann nimmt man das andere Kopftuch und wickelt es um den Hals und anschließend nach oben um den Kopf, um ein ansprechendes Aussehen zu erreichen.

Diğer eşarp alınır ve boyun çevresinde, sonra baş çevresinde dolanarak yukarı doğru çıkarılır ve estetik bir görüntü verilir.

Verwendete Materialien: Zwei Kopftücher

Aksesuarlar: Şifon veya ipek eşarp. Yarı nefti yeşil yarı bordo.

1

Das Haar wird unten zu einem Knoten frisiert.

Saç aşağıda toplanarak topuz yapılır.

2

Dann wird das Kopftuch über den Kopf gelegt und hinten, wie in den Abbildungen 1 und 2 dargestellt, zusammengebunden.

Eşarp başa takılıp arkadan resim 1 ve 2'deki gibi bağlanır.

3

Jetzt nimmt man ein Ende, faltet es mehrmals, so dass ein „abgestufter" Volant entsteht, legt es über die Kopfmitte und befestigt es sorgfältig.

Uçlardan biri tutulup bükülür. Birkaç kez katlanarak aşamalı pile görünümü verildikten sonra başın yarısına konur ve iyice sabitlenir.

3

Dann nimmt man das andere Ende des Kopftuchs und rafft es seitlich.

Eşarbın diğer ucu tutulur ve kenara döndürülür.

4

Beide Enden werden mit mehreren Kopftuchnadeln auf dem Kopf festgesteckt, die so anzuordnen sind, dass das Ganze gleichmäßig aussieht.

İki uç birden baş üzerinde aralıklarla toplu iğne ile tutturularak dengeli bir biçim verilir.

Verwendete Materialien: *Ein Chiffon- oder Seidenkopftuch, das jeweils zur Hälfte olivgrün und dunkelrot ist*

Aksesuarlar: 2 Adet şifon eşarp. Biri kısa, diğeri uzun ve geniş.

1

Das Haar wird seitlich frisiert. Dann wird das breite Kopftuch über den Kopf gelegt und sorgfältig zusammengebunden.

Saç bir kenara toplanır. Geniş eşarp takılara sıkıca bağlanır.

2

Das andere, „kurze“, Kopftuch wird über den Kopf gelegt und seitlich gebunden.

Diğer “kısa” eşarp takılarak bir kenara bağlanır.

3

Jetzt nimmt man die beiden Enden des braunen Kopftuchs zusammen mit einem Ende des gemusterten Kopftuchs und flicht sie zu einem seitlichen Zopf.

Kahverengi eşarbın iki ucu, desenli eşarbın uçlarından biriyle tutulur ve bir tarafta bukle yapılır.

4

Das übrige Ende des gemusterten Kopftuchs nimmt man nun nach vorn und windet es nach hinten zum Rücken.

Desenli eşarbın diğer ucu önden tutularak arkaya sırta bırakılır.

Verwendete Materialien: Ein kurzes und ein langes und breites Chiffonkopftuch

Aksesuarlar: Turuncu kadife bandana, kısa renkli ipek eşarp

1

Das Haar wird nach unten frisiert. Dann wird die Bandana über den Kopf gelegt.

Saç aşağı doğru toplandıktan sonra bandana başa takılır.

2

Das kurze Seidentuch wird über den Hinterkopf gelegt, wobei das vordere Drittel des Kopfes frei bleibt, und hinten sorgfältig zusammengebunden.

İpek eşarp başın ön üçte birlik bölüme konulduktan sonra arkadan sıkıca bağlanır.

3

Ein Ende wird in ansprechender Weise um den Knoten gewunden, sodann werden beide Enden nach vorn genommen.

Uçlardan biri topuz üzerine dolanarak estetik bir görünüm verilir. Sonra iki uç önde birleştirilir.

4

Beide Enden werden seitlich miteinander verknotet, wobei sie um den Hals gelegt und dort locker zusammengebunden werden.

Uçların ikisi birden boyun etrafında dolandıktan sonra boynun bir tarafında gevşek bir şekilde bağlanır.

Verwendete Materialien: Eine Bandana aus orangefarbenem Samt und ein kurzes mehrfarbiges Seidentuch

Aksesuarlar: Siyah tül eşarp ve desenli ipek eşarp

1

Das Haar wird nach unten frisiert. Dann wird das Tüllkopftuch über den Kopf gelegt und hinten zusammengebunden.

Saç aşağıda toplanır. Sonra siyah tül eşarp başa takılır ve arkadan bağlanır.

2

Das gemusterte Seidentuch wird über den Hinterkopf gelegt, wobei das vordere Drittel des Kopfes frei bleibt, und hinten zusammengebunden.

Desenli ipek eşarp başın ön üçte birlik kısmına konup arkadan bağlanır.

3

Beide Seiten des gemusterten Kopftuchs werden seitlich gerafft und bis zur Kopfmitte nach oben gezogen.

Desenli eşarbın iki yanı toplanıp başın orta kısmına kadar çıkarılır.

4

Das schwarze Kopftuch wird um den Hals gewunden, wobei seine Enden auf dem Rücken bleiben. Als zusätzlichen Schmuck können Sie in die linke Seite des Kopftuchs eine Rose stecken.

Siyah eşarp konur ve boyun etrafında dolandıktan sonra uçları arkaya salıverilir. Eşarbın sol yanına estetik bir görünüm vermek için gül takabilirsiniz.

Verwendete Materialien: Ein Kopftuch aus schwarzem Tüll und ein Kopftuch aus gemusterter Seide

Aksesuarlar: Yarı turuncu yarı nefti yeşil şifon eşarp

1

Das Haar wird nach unten frisiert. Dann wird das Kopftuch über den Kopf gelegt und hinten sorgfältig zusammengebunden.

Saç aşağı toplanır. Eşarp takıldıktan sonra arkadan sıkıca bağlanır.

2

Die rechte Seite des Kopftuchs wird nun von hinten nach vorn gewunden.

Eşarbın sağ yanı tutulup arkadan öne doğru dolanır.

3

Jetzt holt man die andere Seite direkt über den Kopf von hinten nach vorn.

Diğer yanı başın arkasından doğrudan başın üzerinden doğru öne getirilir.

4

Beide Seiten werden über der Stirn gerafft und mit zwei Kopftuchnadeln sorgfältig seitlich festgesteckt.

İki taraf alın üzerinde toplandıktan sonra toplu iğnelerle yanlara sıkıca tutturulur.

Verwendete Materialien: *Ein halb orangefarbenes und halb olivgrünes Kopftuch*

Aksesuarlar: Pamuk kare bandana ve bürümcük batik eşarp

1

Das Haar wird nach unten frisiert. Dann wird die Bandana über den Kopf gelegt und hinten zusammengebunden.

Saç aşağı toplanır. Sonra bandana takılır ve arkadan bağlanır.

2

Das Kopftuch wird so gewunden, dass ein Ende länger als das andere ist.

Eşarp bir ucu diğerinden uzun kalacak şekilde dolanır.

3

Die kürzere Seite wird gerafft und hinten festgehalten. Dann wird das lange Ende mit einer Kopftuchnadel festgesteckt, wobei das Kopftuch zusammengedreht und nach vorn um den Hals gewunden wird.

Kısa taraf toplanır ve arkadan tutulur. Sonra uzun taraf eşarp büküldükten sonra toplu iğneyle tutturulur ve önden boyun etrafından dolanır.

4

Das übrige Ende des Kopftuchs lässt man seitlich herabhängen.

Eşarbın kalan ucu bir tarafa sarkıtılır.

Verwendete Materialien: Eine quadratische Bandana aus Baumwolle und ein Kopftuch mit ineinander fließenden Farben

Aksesuarlar: 2 Adet eşarp

1

Das Haar wird nach unten frisiert. Dann wird ein Kopftuch hinten zusammengebunden, wobei darauf zu achten ist, es mehrfach so zu falten, dass vorn Rüschen entstehen.

Saç aşağı toplanır. Sonra eşarp arkadan bağlanır. Bu yapılırken önde bir büzgü oluşturabilmek için birkaç kez bükülerek arkadan bağlanır.

2

Das andere Tuch wird nun, nachdem es ebenfalls gerüscht wurde, um den Kopf gewunden, so dass Falten entstehen.

İkinci eşarp baş çevresinde dolandıktan sonra büzgü havası verecek şekilde bükülür.

3

Das zweite Kopftuch wird sorgfältig seitlich gebunden.

İkinci eşarp yandan sıkıca bağlanır.

4

Das erste Kopftuch wird an der Seite zu einem Zopf geflochten.

Birinci eşarbın bir yanı üzerinde bukle yapılır.

Aksesuarlar: İşlemeli tam kadife bandana, beyaz şifon eşarp, desenli şifon eşarp

1

Das Haar wird in einem Knoten nach unten frisiert. Dann wird die Bandana über den Kopf gelegt.

Saç aşağıda toplanarak topuz yapılır. Sonra bandana başın üzerine bağlanır.

2

Das weiße Chiffontuch wird unter Freilassen des vorderen Drittels des Kopfes sorgfältig hinten zusammengebunden, so dass seine beiden Enden auf den Schultern liegen.

Beyaz şifon eşarp – başın üçte birlik bölümüne – takılarak arkadan sıkıca bağlanır. İki ucu omuzlara doğru salınır.

3

Das gemusterte Kopftuch wird genau über das weiße Chiffontuch gelegt, wobei die weißen Seitenränder hervorschauen, und dann nach hinten gerafft und dort zusammengebunden.

Desenli eşarp başın üst kısmında beyaz şifon eşarbın beyaz kısımlarını gösterecek biçimde üstüne konarak arkadan bağlanır.

4

Ein Ende des weißen Kopftuchs wird nun nach vorn genommen. Dann werden die beiden gemusterten Enden zusammen genommen und mit dem weißen Kopftuch verknotet.

Beyaz eşarbın uçlarından biri öne getirilir. Desenli eşarbın iki ucu da getirilir ve beyaz şifonun ucuyla birlikte bağlanırlar.

5

Der Brustbereich wird mit dem weißen Tuch abgedeckt, indem dieses so über die Schulter gelegt wird, dass es auch den Brustbereich abdeckt.

Göğüs bölümü beyaz eşarpla örtülmek üzere ucu omza atılır.

Verwendete Materialien: Eine gerippte Bandana aus Samt, ein weißes Chiffonkopftuch, ein gemustertes Chiffonkopftuch

Aksesuarlar: Eşarp ve 2 adet bandana

1

Das Haar wird nach unten frisiert. Dann wird die Bandana unten zusammengebunden.

Saç aşağıda toplanır. Sonra bandana aşağı doğru bağlanır.

2

Die andere Bandana wird schräg gebunden.

Diğer bandana hafif yatık şekilde bağlanır.

3

Das Kopftuch wird nun gerade gebunden.

Eşarp yatık şekilde bağlanır.

4

Das lange Ende wird so gelegt, dass es den Hals bedeckt.

Eşarbın uzun ucuyla boyun bölgesi örtülür.

5

Mit Kopftuchnadeln wird dann alles hübsch hinten um den Haarknoten herum gerafft.

Sonra toplu iğneler kullanılarak saçın arkadan dolanmasıyla estetik bir şekil verilir.

Verwendete Materialien: Ein Kopftuch und zwei Bandanas

Aksesuarlar: *Eşarp ve 2 adet bandana*

1

Das Haar wird nach unten frisiert und eine Bandana hinten zusammengebunden.

Saç aşağıda toplanır. Sonra bandana arkadan bağlanır.

2

Die andere, andersfarbene Bandana wird nun über die erste Bandana gebunden.

– Farklı renkteki – diğer bandana ilk bandananın üzerine bağlanır.

3

Das Kopftuch wird nach vorn gewunden.

Eşarp önden dolanır.

4

Das andere, lange Ende wird nach hinten gewunden, und man lässt es seitlich herabhängen.

Uzun ucu, arkadan dolanır ve bir yana sarkıtılır.

Verwendete Materialien: Ein Kopftuch und zwei Bandanas

Aksesuarlar: 2 Adet eşarp ve 2 adet bandana

1

Das Haar wird seitlich nach oben frisiert. Dann wird die erste Bandana um den Kopf gelegt und hinten zusammengebunden.

Saç yukarı doğru yanda toplanır. Sonra ilk bandana sarılır ve arkadan bağlanır.

2

Darüber kommt eine zweite, andersfarbige Bandana.

Farklı renkteki öbür bandana onun üzerine takılır.

3

Das zweite Kopftuch wird seitlich um den Hals gelegt.

İkinci eşarp, boyun çevresinden dolanarak bir kenara bırakılır.

4

Das erste Kopftuch wird um den Kopf gewunden und hinten zusammengebunden.

İlk eşarp başa dolanır ve arkadan bağlanır.

5

Das kurze Ende wird nach oben um den Kopf gewunden. Dann wird das andere, lange Ende so um den Kopf gewunden, dass es den Hinterkopf bedeckt.

Kısa uç başın üstünde bırakılır. Sonra diğer uzun uç arkadan getirilerek saçı örter.

Verwendete Materialien: Zwei Kopftücher und zwei Bandanas

Aksesuarlar: *2 Adet eşarp, 1 adet bandana*

1

Das Haar wird nach unten frisiert. Dann wird die Bandana hinten zusammengebunden.

Saç aşağı doğru toplanır. İlk bandana arkadan bağlanır.

2

Die beiden Kopftücher werden um den Hals gelegt.

İki eşarp boyun etrafına takılır.

3

Nun wird ein Kopftuch schräg um den Kopf gewunden und hinten zusammengebunden.

Eşarp meyilli biçimde toplanır ve arkadan bağlanır.

4

Das zweite Kopftuch wird ebenfalls schräg über das erste Kopftuch gewunden. Dann wird ein Ende des ersten Kopftuchs in ein Ende des zweiten Kopftuchs gewunden und hinten zusammengebunden.

İkinci eşarp da ilk eşarbın üzerine meyilli şekilde toplanır. Sonra birinci eşarbın iki ucu ikinci eşarbın ucuyla toplanır ve önden bağlanır.

Verwendete Materialien: *Zwei Kopftücher und eine Bandana*

Aksesuarlar: 2 Adet pamuk bandana ve eşarp

1

Eine Bandana wird, wie in der Abbildung dargestellt, schräg über den Kopf gelegt.

Bandana hafif meyilli şekilde resimdeki gibi bağlanır.

2

Die zweite Bandana legt man in Gegenrichtung zur ersten (siehe Abbildung).

Diğer bandana de resimdeki gibi ters yönde bağlanır.

3

Das Kopftuch wird in derselben Richtung wie die zweite Bandana angelegt.

Eşarp ikinci bandana ile aynı yönde meyilli olarak bağlanır.

4

Die lange Seite des Kopftuchs wird um den Hals gewunden, während die andere Seite seitlich vom Hals herabhängt.

Eşarbın uzun ucu, boyun etrafına dolanır. Diğer ucu ise boyun tarafına doğru sarkıtılır.

Verwendete Materialien: *Zwei Bandanas aus Baumwolle und ein Kopftuch*

1

Das Haar wird nach hinten frisiert und die Bandana hinten zusammengebunden.

Saç arkada toplanır. Bandana arkadan bağlanır.

2

Das Kopftuch wird mehrfach gefaltet.

Eşarp birkaç kez bükülür.

3

Nun wird das Kopftuch auf dem Kopf befestigt.

Eşarp baş üzerine sabitlenir.

4

Ein Ende wird von vorn so zur Seite gewunden, dass es hübsch aussieht, und das andere Ende wird nach hinten gewunden und mit dem ersten Ende zusammengebunden

Estetik bir şekil vermek üzere uçlardan biri önden yana doğru dolanır. Diğer uç ise arkaya doğru dolanır ve ilk uçla birlikte bağlanır.

Verwendete Materialien: Ein Kopftuch und eine Bandana

Aksesuarlar: 3 Adet eşarp ve bandana

1

Das Haar wird nach oben frisiert und die Bandana dann hinten zusammengebunden.

Saç yukarı doğru toplanır. Sonra bandana arkadan bağlanır.

2

Das erste Kopftuch wird, nachdem es mehrfach übereinander gelegt worden ist, schräg über den Kopf gelegt.

İlk eşarp meyilli kırmalar yaptıktan sonra takılır.

3

Das zweite Kopftuch wird in zum ersten umgekehrter Richtung gebunden.

İkinci eşarp, birinci eşarbın aksi yönünde bağlanır.

4

Dann werden beide zusammen genommen und mithilfe von Kopftuchnadeln auf dem Kopf in hübscher Weise gerafft.

İki eşarp birlikte tutularak iğnelerle bir büzgü yapılır.

5

Das dritte Kopftuch wird um den Hals gebunden.

Üçüncü eşarp boyna sarılır.

Verwendete Materialien: *Drei Kopftücher und eine Bandana*

Fotograf: Mohamed Ismail

Fotograf: Mohamed Ismail

Fotograf: Mohamed Ismail

Fotograf: Mohamed Ismail

Fotograf: Mohamed Ismail

Fotograf: Mohamed Ismail

Fotograf: Mohamed Ismail

Fotograf: Mohamed Ismail

Fotograf: Mohamed Ismail

Fotograf: Mohamed Ismail

Aksesuarlar: 2 Adet uzun eşarp

1

2

3

Das Haar wird nach unten zu einem Knoten frisiert. Dann nimmt man das schwarze Kopftuch, legt es über den Kopf und bindet es hinten zusammen.

Saç aşağı toplanarak topuz yapılır. Siyah eşarp tutularak başa takılır ve arkadan bağlanır.

Nun wird das andere Kopftuch über den Kopf gelegt und, wie in den Abbildungen 2 und 3 dargestellt, nach vorn gewunden.

İkinci eşarp takılır ve resimdeki gibi arkadan dolanır.

4

5

6

Man greift jetzt ein Ende des zweiten Kopftuchs und windet es um den Kopf. Dann wird es mit einer Kopftuchnadel seitlich festgesteckt, wie in den Abbildungen 4 und 5 dargestellt.

İkinci eşarbın uçlarından biri tutulur ve baş etrafında dolanır. Sonra bir tarafa toplu iğne ile sabitlenir. Resim 4 ve 5'te görüldüğü gibi.

Nun nimmt man das andere Ende und drapiert es in hübscher Form, wie auf dem großen Bild dargestellt, an der Seite.

Diğer taraf tutulur ve estetik bir görünüm kazandırmak üzere son resimdeki gibi şekil verilir.

Verwendete Materialien: *Zwei lange Kopftücher*

Fotograf: Khalid Yousef

1

Das Haar wird nach unten frisiert und das Kopftuch hinten zusammengebunden.

Saç aşağıda toplanır. Sonra eşarp arkadan bağlanır.

2

Das Kopftuch wird um den Haarknoten gewunden und oberhalb des Haarknotens mit einer Kopftuchnadel, wie oben dargestellt, festgesteckt.

Eşarp topuz etrafında döndürülür ve resimde görüldüğü gibi topuz üzerinde toplu iğne ile sabitlenir.

3

Jetzt wird ein Ende des Kopftuchs genommen und mehrfach gefaltet, so dass Rüschen entstehen. Dann wird es auf dem Kopf befestigt.

Eşarbın uçlarından biri tutulur ve birkaç defa büküldükten sonra büzgü yapılır. Sonra da baş üzerine sabitlenir.

4

Damit haben wir schon fast das endgültige Aussehen. Man kann aber noch, wie auf dem großen Bild, Accessoires hinzufügen.

Şu an eşarbın son haline ulaşmış gibiyiz. Son resimde görüldüğü gibi aksesuar ilave edilebilir.

Verwendete Materialien: *Ein langes Chiffonkopftuch*

Fotograf: Khalid Yousef

1

Das Haar wird zu einem Knoten nach unten frisiert und díe Bandana dann über den Kopf gelegt.

Saç aşağıda toplanır ve topuz yapıldıktan sonra bandana başa takılır.

2

Das Kopftuch wird über die hintere Kopfhälfte gelegt und dann um den Haarknoten gewunden.

Eşarp başın orta kısmına takılır ve topuz etrafında dolanır.

3

Nun wird das Tuch umgedreht und nach vorn genommen.

Eşarbın tersi yapılır ve öne getirilir.

4

Nachdem das andere Ende des Kopftuchs um den Hals gewunden worden ist, wird es an der Seite befestigt.

Eşarbın diğer ucu boyun etrafında dolandıktan sonra yanlardan birine sabitlenir.

Verwendete Materialien: *Ein Kopftuch und eine Bandana*

Fotograf: Khalid Yousef

Aksesuarlar: Uzun şifon eşarp

1

Nachdem das Haar nach unten frisiert worden ist, wird das Kopftuch über den Kopf gelegt und unterhalb des Haarknotens sorgfältig zusammengebunden.

Saç aşağı toplanır. Eşarp takılır ve topuzun altında sıkıca bağlanır.

2

Jetzt wird ein Ende gerafft, nach vorn genommen und um die hintere Kopfhälfte gewunden.

Uçlardan biri toplanır ve öne getirilerek başın ortasında sabit-lenir.

3

Das andere Ende wird auch gerafft, nach hinten um den Haarknoten gewunden und mit mehreren Kopftuchnadeln festgesteckt.

Diğer uç toplanır ve arkada topuz etrafında dolandıktan sonra birkaç toplu iğne ile sabitlenir.

4

5

Die längere Seite des Kopftuchs wird um den Hals gewunden, während man die andere Seite auf die Schulter fallen lässt, wie in den Abbildungen 4 und 5 gezeigt.

Eşarbın uzun ucu boyun etrafından dolanır ve diğer ucu 4 ve 5 numaralı resimlerde açıklandığı gibi omza doğru sarkıtılır.

Verwendete Materialien: *Ein langes Chiffonkopftuch*

Fotograf: Khalid Yousef

Aksesuarlar: 2 Adet uzun eşarp

1 **2** **3**

Das Haar wird zu einem Knoten nach unten frisiert und das erste Kopftuch hinten zusammengebunden.

Saç topuz yapılarak aşağıda toplanır. Sonra ilk eşarp arkadan bağlanır.

Das andere Kopftuch wird schräg über den Kopf gelegt und ebenfalls hinten zusammengebunden.

Sonra ikinci eşarp eğimli şekilde takılır ve 2–3 aynı şekilde arkadan bağlanır.

4 **5** **6**

Ein Ende des ersten Kopftuchs wird einmal um den Haarknoten gewunden, wobei der restliche Teil zum Flechten des Zopfs übrig bleibt.

İlk eşarbın uçlarından toplanarak topuzun üzerinden bir kez dolanır ve bir bukle yapacak şekilde bırakılır.

Dann wird ein Ende des anderen Kopftuchs um den Hals gewunden und mit einer Kopftuchnadel festgesteckt, wie in den Abbildungen 5 und 6 dargestellt.

İkinci eşarbın uçlarından biri tutulur ve boyun etrafından dolanarak resim 5 ve 6'da görüldüğü gibi toplu iğne ile sabitlenir.

7

Die jeweils anderen Enden der beiden Tücher werden ineinander geflochten, so dass sie über eine Schulter oder den Rücken herabhängen.

Her iki eşarbın da ikinci uçlarından tutulur ve birlikte bağlanarak ucu omuzlardan birine veya sırta salınır.

Verwendete Materialien: *Zwei lange Kopftücher*

Fotograf: Khalid Yousef

1

Das Haar wird zu einem Knoten nach unten frisiert und dann die Bandana über den Kopf gelegt.

Saç aşağı toplanır ve topuz yapılır. Sonra bandana takılır.

2

3

Das Kopftuch wird über den Kopf gelegt und, wie in den Abbildungen 2 und 3 dargestellt, hinten unterhalb des Haarknotens zusammengebunden.

Eşarp takılır ve resim 2, 3'te görüldüğü gibi arkadan, topuzun altından bağlanır.

4

Nun wird ein Ende des Kopftuchs ergriffen und mehrmals um den Haarknoten gewunden.

Eşarbın uçlarından biri tutulur ve topuzun üzerinden birkaç defa dolanır.

5

Das andere Ende lässt man über die Schulter fallen.

Diğer uç omza doğru sarkıtılır.

Verwendete Materialien: Ein Kopftuch und eine Bandana

Fotograf: Khalid Yousef

1

Das Haar wird zu einem Knoten nach unten frisiert und dann die Bandana über den Kopf gelegt.

Saç aşağıda toplanır ve topuz yapılır. Sonra bandana takılır.

2

Das Kopftuch wird auf die Bandana gelegt und hinten unterhalb des Haarknotens zusammengebunden. Dann werden beide Enden ineinander gewunden.

Eşarp bandananın üzerine takılır ve arkadan topuzun altından bağlanır. Sonra iki ucu örülür.

3

Die ineinander gedrehten Enden werden nun mehrmals so um den Haarknoten gewunden, wie in der Abbildung dargestellt.

İki uç örüldükten sonra topuzun çevresinden dolanıp resimde görüldüğü gibi bağlanır.

4

Das verbleibende Ende wird dann an einer Seite befestigt und so nach vorn genommen, dass es über die Schulter hängt.

Kalan uç bir yana sabitlendikten sonra kalan kısmı öne getirilir ve omuzdan sarkıtılır.

Verwendete Materialien: *Ein Kopftuch und eine Bandana*

Fotograf: Khalid Yousef

1

Das Haar wird nach unten frisiert und dann die Bandana über den Kopf gelegt und hinten zusammengebunden.

Saç aşağıda toplanır. Sonra bandana takılır ve arkadan bağlanır.

2

Das Kopftuch wird über die hintere Kopfhälfte gelegt.

Eşarp başın orta kısmına takılır.

3

4

Ein Ende des Kopftuchs wird um den Hals gewunden und an der Seite befestigt, wie in den Abbildungen 3 und 4 dargestellt.

Eşarbın uçlarından biri tutulur, boyun etrafından dolandıktan sonra 3 ve 4 numaralı resimlerde görüldüğü gibi bir yana sabitlenir.

Fotograf: Khalid Yousef

Aksesuarlar: 2 Adet eşarp ve bandana

1

Das Haar wird nach unten frisiert und die Bandana über den Kopf gelegt.

Saç aşağıya doğru toplanır. Bandana takılır.

2

Das erste Kopftuch wird mehrfach so gefaltet, dass ein Volant entsteht. Dann wird es über den Kopf gelegt und hinten zusammengebunden.

Birinci eşarp birkaç defa bükülerek bukle yapılır, Sonra bu bukle başın üzerine konarak arkadan bağlanır.

3

Ein Ende des ersten Kopftuchs wird um den Haarknoten gewunden.

Birinci eşarbın uçlarından biri topuzun etrafında dolanır.

4

Das zweite Kopftuch wird an den Zipfel des ersten Kopftuchs gelegt, der nach dem Umwickeln des Haarknotens mit dem ersten Tuch übrig bleibt, so dass es, wie in der Abbildung dargestellt, herabfällt.

İkinci eşarp birinci eşarbın uç kısmına bağlanarak topuzun üzerinden dolanır. Sonra da resimdeki gibi sarkıtılır.

Verwendete Materialien: *Zwei Kopftücher und eine Bandana*

Fotograf: Khalid Yousef

1

Das Haar wird zu einem Knoten nach unten frisiert. Dann wird das Kopftuch über den Kopf gelegt und hinten unterhalb des Haarknotens so zusammengebunden, dass ein Ende des Tuches lang und das andere sehr kurz ist.

Saç aşağıda toplanarak topuz yapılır. Sonra eşarp takılır ve topuzun altından arkadan bağlanır. Eşarbın uçlarından biri uzun, diğeri olabildiğince kısa bırakılır.

2

Das lange Ende wird nach vorn genommen, über die hintere Kopfhälfte gelegt und unterhalb des Haarknotens gewunden.

Eşarbın uzun tarafı öne getirilerek başın ortasindan, topuzun etrafında dolanır.

3

4

Das lange Ende des Kopftuchs wird dann noch mehrmals um den Haarknoten gewunden, wie in den Abbildungen 3 und 4 dargestellt.

Uzun taraf 3–4 numaralı resimlerde görüldüğü gibi topuz üzerinde birkaç defa dolanır.

Verwendete Materialien: Ein langes Kopftuch

Fotograf: Khalid Yousef

Aksesuarlar: 2 Adet şifon eşarp ve bir ipek şifon

1

Das Haar wird zu einem Knoten nach unten frisiert. Dann wird das Chiffonkopftuch hinten unterhalb des Haarknotens zusammengebunden.

Saç aşağıda toplanır ve topuz yapılır. Sonra şifon eşarp arkadan topuzun altından bağlanır.

2

Das Seidenchiffonkopftuch wird versetzt über den Kopf gelegt und nach hinten gebunden.

Şifon ipek eşarp başa belli bir mesafede tutulur ve arkadan bağlanır.

3

4

Jetzt nimmt man ein Ende des Seidenchiffonkopftuchs und wickelt es um den Haarknoten, wie in den Abbildungen 3 und 4 dargestellt.

Şifon ipek eşarbın uçlarından biri tutulur ve 3–4 numaralı resimlerde görüldüğü gibi topuz etrafında dolanır.

5

Das andere Kopftuch wird um den Hals gelegt und dann locker auf der rechten Halsseite zusammengebunden.

Diğer eşarp boyna dolanır ve önden sağa doğru gevşek bir düğümle bağlanır.

Verwendete Materialien: Ein Chiffonkopftuch und ein Seidenchiffonkopftuch

Fotograf: Khalid Yousef

1

Das Haar wird nach unten frisiert. Dann wird das Kopftuch über den Kopf gelegt und hinten unterhalb des Haarknotens zusammengebunden.

Saç aşağı toplandıktan sonra eşarp takılır ve arkadan, topuzun altından bağlanır.

2

Man ergreift ein Ende des Tuches und windet es schräg nach vorn um den Kopf.

Eşarbın uçlarından biri tutulur ve meyilli şekilde öne doğru dolanır.

3

Das Kopftuch wird nun mit zwei Kopftuchnadeln vorn festgesteckt.

Sonra eşarp önden iki toplu iğne ile sabitlenir.

4

Der übrige Teil des Kopftuchs wird dann an einer Seite so befestigt, dass die Fransen über die Schulter fallen.

Eşarbın kalan bölümü de püsküller omuzlara sarkacak şekilde bir yana sabitlenir.

Verwendete Materialien: *Ein langes Kopftuch*

Fotograf: Khalid Yousef

Aksesuarlar: 2 Adet uzun şifon eşarp

1

Das Haar wird nach unten frisiert. Dann wird das erste Chiffontuch schräg unter den Haarknoten gebunden.

Saç aşağıda toplanır. Sonra ilk eşarp meyilli şekilde topuzun altında bağlanır.

2

Auch das andere Tuch wird schräg gebunden, jedoch in der dem ersten entgegen gesetzten Richtung.

İkinci eşarp da meyilli şekilde fakat ilk eşarpla ters yönde bağlanır.

3

Man ergreift nun das Ende des zweiten Kopftuchs und windet es nach vorn um den Haarknoten.

Sonra ikinci eşarbın biri alınır ve topuzun üzerinden dolanarak öne getirilir.

4

Die beiden Enden des ersten Kopftuchs und das Ende des zweiten Kopftuchs nimmt man jetzt zusammen, um sie so ansprechend, wie auf dem Bild dargestellt, zu drapieren.

İlk eşarbın iki ucu ile ikinci ucun kalan ucu da bir araya getirilir ve resimdeki gibi estetik bir görünümde sabitlenir.

Verwendete Materialien: *Zwei lange Chiffonkopftücher*

Fotograf: Khalid Yousef

1

Das Haar wird nach unten frisiert und die Bandana über den Kopf gelegt.

Saç aşağıda toplanır. Sonra bandana takılır.

2

Das Seidentuch wird den Kopf gelegt, wobei das vordere Drittel frei bleibt, und sorgfältig hinten zusammengebunden.

Uçlardan biri estetik bir görünüm vermek üzere topuzun üzerinden dolanır.

3

Ein Ende wird hübsch um den Haarknoten gewunden.

Uçlardan biri estetik bir görünüm vermek üzere topuzun üzerinden dolanır.

4

Die beiden Enden lässt man, wie in der Abbildung dargestellt, über den Rücken hängen.

İki uç da resimde görüldüğü gibi sırta doğru salıverilir.

Verwendete Materialien: *Ein Kopftuch und eine Bandana*

Fotograf: Khalid Yousef

1

Das Haar wird nach unten frisiert. Dann wird das Kopftuch über den Kopf gelegt.

Saç aşağıda toplanır ve eşarp başa bağlanır.

2

Das Kopftuch wird unter den Haarknoten gebunden, dann wird ein Ende nach vorn genommen und schräg um den Kopf gewunden.

Sonra eşarp, topuzun alt kısmına bağlanır. Uçlarından biri tutulur ve meyilli şekilde öne doğru getirilir.

3

Den Rest dieses Endes windet man um den Haarknoten.

Tutulan ucun topuz üzerinden dolanması tamamlanır.

4

Der übrige Teil des ergriffenen Endes des Tuches wird mit zwei Kopftuchnadeln festgesteckt.

Eşarbın tutulan ucundan kalan kısım getirilir ve iki toplu iğne ile sabitlenir.

5

Jetzt nimmt man das andere Ende des Kopftuchs und windet es um den Hals, so dass es von der Schulter über den Rücken fällt.

Eşarbın ikinci ucu getirilir ve boyun etrafından dolanır. Sonra da omuz üstünden sırta sarkıtılır.

Verwendete Materialien: Ein langes Kopftuch

Fotograf: Khalid Yousef

Aksesuarlar: 2 Adet eşarp ve bandana

1

2

3

Das Haar wird nach unten frisiert und die Bandana über den Kopf gelegt und hinten zusammengebunden.

Saç aşağı toplanır, sonra bandana takılır ve arkadan bağlanır.

Das erste Kopftuch wird über die hintere Kopfhälfte gelegt und hinten zusammengebunden. Dann wird das andere Kopftuch schräg so über den Kopf gelegt, wie in den Abbildungen 2 und 3 dargestellt.

İlk eşarp başın orta kısmına gelecek 3 şekilde takılarak arkadan bağlanır. Sonra ikinci eşarp resim 2, 3'te görüldüğü baş üzerine meyilli şekilde takılır.

4

Die beiden Enden des zweiten Kopftuchs werden genommen und in entgegengesetzter Richtung so, wie in der Abbildung dargestellt, um den Haarknoten gewunden.

İkinci eşarbın uçları tutulur ve resimde görüldüğü gibi topuz üzerinde çapraz bağlanır.

5

Die beiden Enden des zweiten Kopftuchs werden nun nach vorn über die Schulter geholt und ineinander gedreht.

İkinci eşarbın iki ucu öne getirilerek bukle yapılır ve omuz üzerine salıverilir.

Verwendete Materialien: Zwei Kopftücher und eine Bandana

Fotograf: Khalid Yousef

Aksesuarlar: Desenli şifon eşarp ve ipek eşarp

1

Das Haar wird nach unten frisiert. Dann wird das gemusterte Chiffontuch über den Kopf gelegt und unter dem Haarknoten zusammengebunden.

Saç aşağı toplanır, sonra desenli şifon eşarp takılır ve topuzun altından bağlanır.

2

Das Seidentuch wird über die hintere Kopfhälfte gelegt und zusammengebunden.

İpek eşarp başın orta kısmına takılır ve bağlanır.

3

Die Enden des ersten und des zweiten Tuches werden, wie auf der Abbildung, um den Haarknoten gewunden.

Birinci ve ikinci eşarbın uçları resimdeki gibi topuz üzerinde dolanır.

4

5

Die beiden anderen Enden der zwei Tücher werden ergriffen und, wie in den Abbildungen 4 und 5 dargestellt, hübsch an einer Seite befestigt.

Birinci ve İkinci eşarpların uçlarından tutularak 4 ve 5 numaralı resimlerde görüldüğü gibi estetik bir görünüm vermek amacıyla bir yanda sabitlenirler.

Verwendete Materialien: *Ein gemustertes Chiffontuch und ein Seidentuch*

Fotograf: Khalid Yousef

Aksesuarlar: 2 Adet eşarp ve bandana

1

Das Haar wird nach unten frisiert und die Bandana hinten zusammengebunden.

Saç aşağıda toplanır. Sonra bandana takılıp arkadan bağlanır.

2

Das erste Kopftuch wird über die hintere Kopfhälfte gelegt und hinten unter dem Haarknoten zusammengebunden.

İlk eşarp başın orta kısmından takılır ve arkadan topuzun altından bağlanır.

3

Das andere Tuch wird zum ersten Tuch versetzt über dieses gelegt.

İkinci eşarp ilk eşarptan belli bir mesafe uzakta katlanıp takılır.

4

5

Die Enden des zweiten Tuches werden nach vorn genommen und, wie in den Abbildungen 4 und 5 dargestellt, locker zusammengebunden.

İkinci eşarbın uçları öne getirilir ve 4–5 numaralı resimlerde görüldüğü gibi hafifçe bağlanır.

Verwendete Materialien: *Zwei Kopftücher und eine Bandana*

Fotograf: Khalid Yousef

Aksesuarlar: 2 Adet uzun eşarp

1

Das Haar wird nach unten frisiert. Dann wird das erste Kopftuch über den Kopf gelegt, und seine beiden Enden werden jeweils in entgegen gesetzter Richtung unter den Haarknoten gewunden.

Saç aşağıda toplanır. İlk eşarp başa takılır. İki ucu çaprazlama topuzun üzerinden dolanır.

2

Das andere Kopftuch wird, wie in der Abbildung dargestellt, über das hintere Drittel des Kopfes gelegt.

İkinci eşarp başın resimde görüldüğü gibi üçte birlik bölümünü açıkta bırakacak şekilde takılır.

3

Man greift jetzt ein Ende des zweiten Tuches und dreht es zusammen, um es dann mehrmals um den Haarknoten zu winden.

İkinci eşarbın uçlarından biri tutulur ve topuzun üzerinden birkaç defa dolanır.

4

Jetzt nimmt man ein Ende des ersten Kopftuchs, verdreht es und windet es nach vorn so um den Kopf, wie in der Abbildung dargestellt.

Sonra ikinci eşarbın uçlarında biri ve resimde görüldüğü gibi başın etrafında dolanarak önden arkaya doru bükülür.

Verwendete Materialien: *Zwei lange Kopftücher*

Fotograf: Khalid Yousef

Aksesuarlar: Uzun eşarp ve bandana

1

Das Haar wird nach unten frisiert und die Bandana über den Kopf gelegt. Dann wird das Kopftuch schräg um eine Seite des Kopfes gelegt, wobei seine beiden Enden, wie abgebildet, in entgegen gesetzter Richtung unter den Haarknoten gewunden werden.

Saç aşağıda toplandıktan sonra bandana takılır. Eşarp da meyilli şekilde başın bir tarafına bağlanır. İki ucu, şekilde görüldüğü gibi saç topuzunun altından çapraz şekilde bağlanır.

2

Dann wird ein Ende des Tuches ergriffen und um den Hals gelegt, wobei sein Zipfel am Haarknoten befestigt wird.

Eşarp uçlarından biri tutulur ve boyun etrafına dolanır ve topuz üzerine sabitlenir.

3

4

Dann nimmt man das andere Ende des Tuches, windet es um den Kopf und befestigt es, wie in den Abbildungen 3 und 4 dargestellt, in ansprechender Form an einer Seite.

İkinci uç tutulur ve başın etrafından dolandıktan sonra 3–4 numaralı resimlerde görüldüğü gibi bir yanda sabitlenir.

Verwendete Materialien: Ein langes Chiffontuch

Fotograf: Khalid Yousef

Aksesuarlar: Şifon eşarp ve ipek şifon eşarp

1

Das Haar wird nach unten frisiert. Dann wird das Chiffontuch unter dem Haarknoten zusammengebunden.

Saç aşağı toplanır.Sonra şifon kumaş topuzun altından bağlanır.

2

Das andere Tuch wird über den Kopf gelegt und, wie oben dargestellt, über der Stirn gerafft.

Diğer eşarp başın üzerine koyulur ve yukarı daki rezimde görüldüğü gibi anlın üzerinden çekilir.

3

Das gemusterte Chiffontuch wird mit mehreren Kopftuchnadeln festgesteckt.

Desenli şifon eşarp birçok iğneğle sabitleşdirilir.

4

Die Enden des gemusterten Chiffontuchs werden hinter dem Kopf so gerafft und befestigt, dass die Fransen auf den Rücken fallen.

Şifon eşarpın ucları başın arkasına çekilir ve püsküleri arkaya gelecek şekilde bağlanır.

Fotograf: Khalid Yousef

1

2

3

Das Haar wird nach unten frisiert und das Tuch über den Kopf gelegt und hinter dem Kopf unter dem Haarknoten zusammengebunden.

Saç aşağıda toplanır. Sonra eşarp takılır ve arkadan topuzun altından bağlanır.

Man ergreift nun ein Ende des Kopftuchs, nimmt es nach vorn und legt es, wie in den Abbildungen 2 und 3 dargestellt, um die Stirn.

Sonra eşarbın uçlarından biri tutulup öne getirilir 2 ve 3 numaralı resimlerde açıklandığı gibi yanlara uzatılır.

4

5

Jetzt werden die beiden Enden des Tuches, wie in den Abbildungen 4 und 5 dargestellt, über dem Haarknoten gerafft und mit einer Kopftuchnadel festgesteckt.

Eşarbın uçlarından ikisi saç topuzunun üzerinde toplanır ve 4–5 numaralı resimlerde açıklandığı gibi toplu iğne ile sabitlenir.

Verwendete Materialien: *Ein langes Kopftuch*

Fotograf: Khalid Yousef

Aksesuarlar: Uzun şifon eşarp ve bandana

1

Das Haar wird nach unten frisiert und die Bandana über den Kopf gelegt. Dann wird das Kopftuch über den Kopf gelegt, wobei seine beiden Enden in entgegengesetzter Richtung unter den Haarknoten gewunden werden.

Saç aşağıda toplanır, sonra bandana baya takılır. Sonra eşarp, iki ucu getirilerek topuzun altından çapraz olarak getirilip resimdeki gibi bağlanır.

2

Ein Ende des Tuches wird ergriffen und schräg über den Kopf gelegt.

Eşarp uçlarından biri tutulup meyilli biçimde başa konur.

3

Beide Enden des Tuches werden schräg auf dem Kopf befestigt.

Sonra eşarbın uçlarından biri meyilli şekilde baş üzerine sabitlenir.

4

Jetzt nimmt man das andere Ende des Kopftuchs und wickelt es in ansprechender Form seitlich, wie in der Abbildung dargestellt.

İkinci uç tutulup resimde görüldüğü gibi estetik bir görünüm oluşturacak şekilde dolanır.

Verwendete Materialien: *Ein langes Chiffontuch und eine Bandana*

Fotograf: Khalid Yousef

1

2

Das Haar wird nach unten frisiert und die Bandana über den Kopf gelegt. Dann wird das Kopftuch schräg um eine Seite des Kopfes gelegt und unter dem Haarknoten zusammengebunden, wie in den Abbildungen 1 und 2 abgebildet.

Saç aşağıda toplanır. Sonra bandana başa takılır. Sonra ilk eşarp capraz bir şekilde başın yanlarından birine doğru takılıp resim 1 ve 2'de görüldüğü gibi topuzun altından bağlanır.

3

Nun wird ein Ende des Tuches um den Haarknoten gewunden.

Eşarbın uçlarından biri topuz üzerinde toplanır.

4

Das andere Ende wird zusammengedreht und so nach vorn genommen, dass es über die Schulter fällt.

İkinci ucu bükülür ve öne doğru getirilerek omuzlardan sarkıtılır.

Verwendete Materialien: Ein Kopftuch und eine Bandana

Fotograf: Khalid Yousef

1

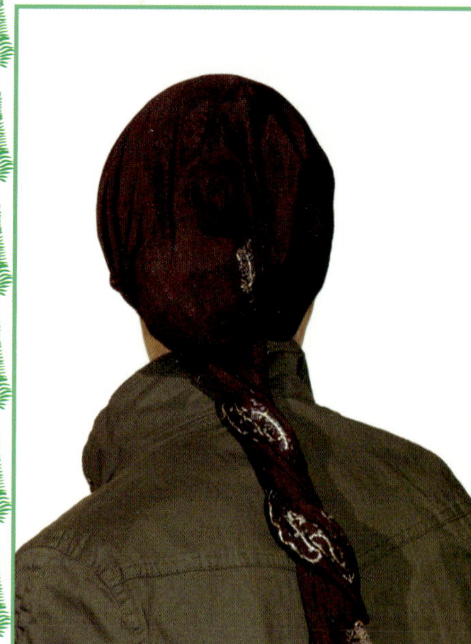

2

Das Haar wird nach unten frisiert und die Bandana über den Kopf gelegt. Dann wird das Kopftuch über die hintere Hälfte des Kopfes gelegt und unter dem Haarknoten zusammengebunden. Nun werden beide Enden des Tuches, wie in den Abbildungen 1 und 2 dargestellt, ineinander verdreht.

Saç aşağı toplanır. Sonra bandana takılır. Daha sonra eşarp, [2] başın orta kısmına gelecek şekilde takılır ve topuzun altından bağlanır. Eşarbın iki ucundan biri resim 1 ve 2'de görüldüğü gibi beraber bükülür

3

4

Die ineinander verdrehten Enden des Tuches werden jetzt um den Haarknoten gewunden, wobei die Zipfel über dem Knoten befestigt werden, wie in den Abbildungen 3 und 4 dargestellt.

Eşarbın iki ucundan biri beraber büküldükten sonra tutulur ve saç [4] topuzunun üzerinden dolandıktan sonra resim 3 ve 4'te görüldüğü gibi eşarbın bir kenarında topuzun üstünde sabitlenir.

Verwendete Materialien: *Ein Kopftuch und eine Bandana*

Fotograf: Khalid Yousef

Moderne Kopftuchmode

MODEREN BASÖRTÜ MODASI

Marwa Hamed